まちごとチャイナ

Jiangsu 006 Yangzhou

揚州

「遣唐使」訪れた佳麗の地

Asia City Guide Production

【白地図】揚州と江南地方

CHINA
江蘇省

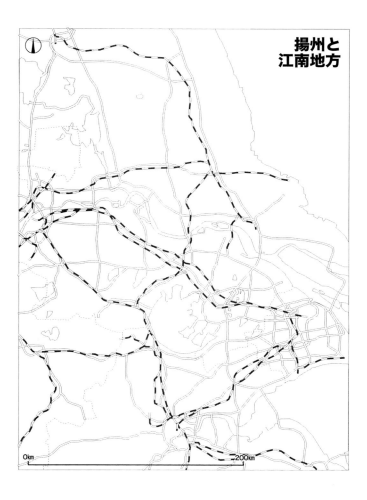

揚州と江南地方

【白地図】揚州

CHINA
江蘇省

揚州

Yangzhou　白地図

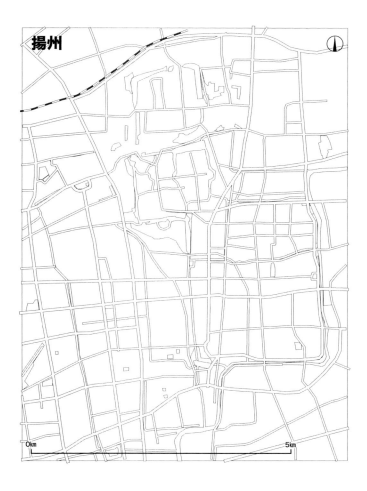

【白地図】大明寺

CHINA
江蘇省

大明寺

Yangzhou | 白地図

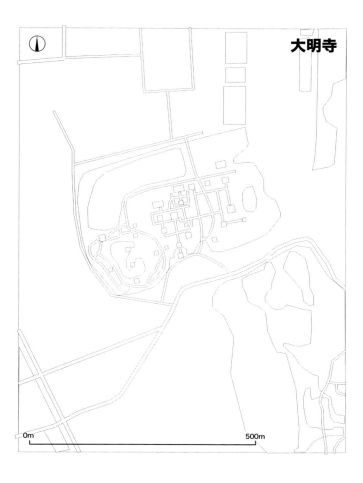

【白地図】瘦西湖と蜀岡

CHINA
江蘇省

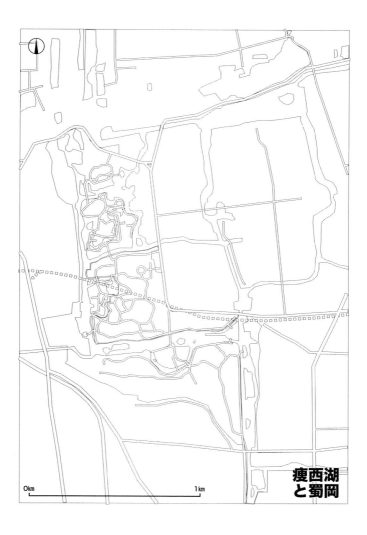

Yangzhou 白地図

痩西湖と蜀岡

【白地図】旧城西部

CHINA
江蘇省

【白地図】天寧寺

CHINA
江蘇省

【白地図】双東街区

CHINA
江蘇省

【白地図】个園

CHINA
江蘇省

Yangzhou 白地図

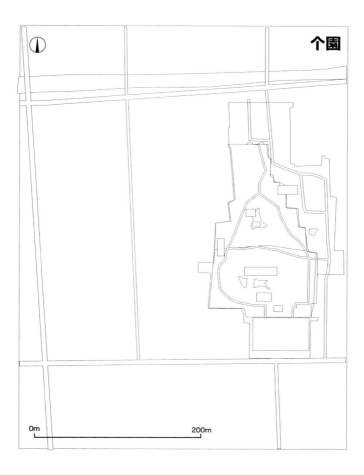

【白地図】旧城東部

CHINA
江蘇省

Yangzhou 白地図

旧城東部

【白地図】新城西区

CHINA
江蘇省

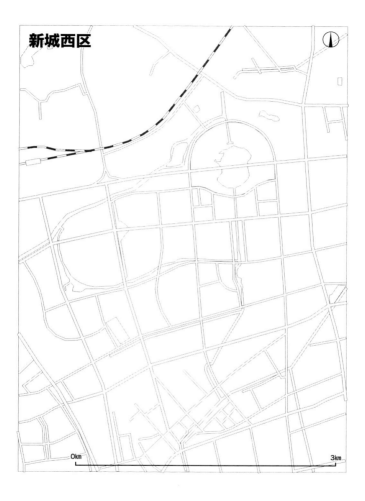

新城西区

Yangzhou 白地図

【白地図】揚州郊外

CHINA
江蘇省

揚州郊外

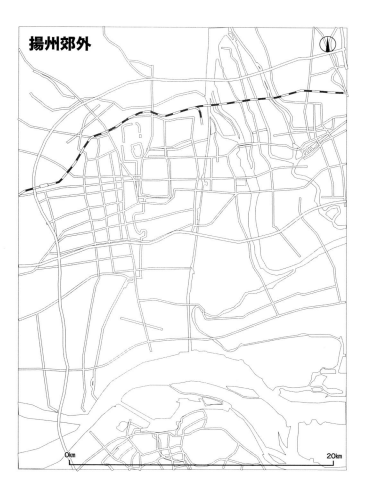

Yangzhou 白地図

【まちごとチャイナ】

江蘇省 001 はじめての江蘇省
江蘇省 002 はじめての蘇州
江蘇省 003 蘇州旧城
江蘇省 004 蘇州郊外と開発区
江蘇省 005 無錫
江蘇省 006 揚州
江蘇省 007 鎮江
江蘇省 008 はじめての南京
江蘇省 009 南京旧城
江蘇省 010 南京紫金山と下関
江蘇省 011 雨花台と南京郊外・開発区

CHINA
江蘇省

7世紀、大運河を完成させた煬帝がその食や文化、女性を愛して晩年を過ごした揚州。続く唐代には江南や四川、広東から北方へ送る物資の集散地となり、「揚州の豊かなること天下第一」とたたえられた（長安、洛陽につぐ唐第3の都だった）。

こうした揚州の繁栄を支えたのは、運河とともに中国人の生活に必要な塩場（淮南塩）を後背地に抱えていたことによる。17世紀以降、揚州を拠点においた塩商は国家財政を左右するほどの富をにぎり、その莫大な富で学者や画家を保護したた

Yangzhou 揚州 扬州 yáng zhōu ヤンチョウ

め、揚州に文化が咲き誇った。

　かつて多くの遣唐使が目指したことでも知られる揚州の街。5度の失敗のあと、753年、聖武天皇時代の日本に律宗を伝えた鑑真ゆかりの大明寺、晩唐の詩人杜牧が詠った漢詩、満漢全席にもとり入れられた淮揚料理、無形遺産に指定されている剪紙や木版印刷など多くの魅力をもつ観光都市となっている。

【まちごとチャイナ】

江蘇省 006 揚州

目次

揚州	xxiv
天下の富ここに集まる	xxx
大明寺鑑賞案内	xxxix
痩西湖鑑賞案内	li
蜀岡城市案内	lxi
旧城西部城市案内	lxxv
唐代花開いた揚州夢	lxxxviii
天寧寺鑑賞案内	xcv
双東街区城市案内	ciii
旧城東部城市案内	cxvi
新城西区城市案内	cxxxi
揚州郊外城市案内	cxxxvi
城市のうつりかわり	cxlix

【MEMO】

【地図】揚州と江南地方

CHINA
江蘇省

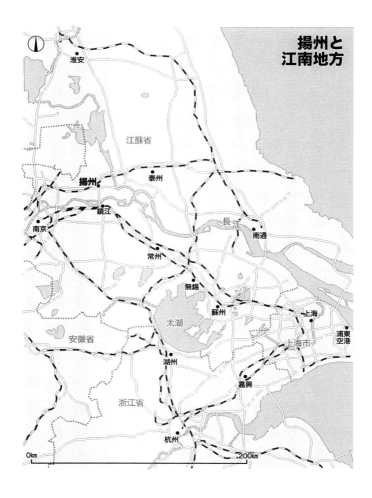

天下の富
ここに
集まる

CHINA
江蘇省

揚州の繁栄は隋代に完成した運河によってはじまった
東西を結ぶ長江と、南北を結ぶ運河がここで交わり
中国各地から物資の集まる要衝となった

運河と長江が交わる地

唐の詩人李白は武昌から長江をくだって揚州に向かう孟浩然に「故人、西のかた黄鶴楼を辞し、煙花三月、揚州に下る」という詩を送った。揚州の街は、長江の北岸に位置し、この長江と中国南北を結ぶ運河の交差点となっていた。唐代、揚州を通って北方に運ばれた米は200万石とも300万石とも言われ、その後の人口増加もあって漕米は増え続けた。四川の麻や木材、江南の茶、魚などは一旦、揚州に集められ、そこから洛陽や長安、北京といった街へ運ばれるなど、南の長江と北の淮河を結ぶ淮南の要衝だった。

Yangzhou 天下の富ここに集まる

遣唐使の目指した揚州

7世紀の日本では、中国の政治制度や宗教、文化を学び、はじまったばかりの国づくりに活かすため、遣唐使が派遣された。新羅との緊張関係もあって、8世紀以後の遣唐使船は朝鮮半島を経由せず、海を一気に横断する南ルートがとられ、船は長江下流域のどこかに漂着した（たとえば空海の乗った遣唐使第1船は、804年、福州に漂着し、そこから揚州を通って長安へ向かっている。第2船は寧波に漂着、第4船は消息不明）。揚州は唐への入国手続きをとるための窓口となっていて、使節団はそこから運河を通って洛陽や長安を目指した。都に向

CHINA
江蘇省

▲左　落ち着いた古都の面影を見せる双東歴史街区。　▲右　唐招提寺を創建した鑑真は揚州に生まれた

かった使節は大使など一部で、大多数は揚州や寧波で半年ほど滞在し、使節が帰ってくるのを待った。年中行事や唐の文化、漆器といった文物は揚州を通して日本にもちこまれた。

江南を代表する学術都市

清代の漢学者阮元や汪中といった清代を代表する学者、また宮廷画家とは異なる新鮮な画風で知られた揚州八怪など、清代の揚州は中国各地から文人の集まる学術都市だった。こうした人々を保護したのが清朝財政の「4分の1」をおさめたという揚州商人で、塩の専売で築いた莫大な富を邸宅や庭園、

【MEMO】

Yangzhou 天下の富ここに集まる

CHINA
江蘇省

玉器、漆器などの工芸品、骨董や書籍の収集につぎこんだ。中国では科挙に合格した文人が巨大な権益をにぎったことから、学問や文学、子孫の教育が重視され、揚州塩商を出身とする阮元は湖広総督、両広総督、雲貴総督をへて、大学士（実質的な宰相）まで進んでいる。

揚州の構成

春秋戦国時代（紀元前5世紀）、現在の市街北部にあたる高さ10m前後の蜀丘に、最初の揚州が築かれた。その後、この丘に煬帝による迷楼（江都宮）が築かれ、それを受け継い

Yangzhou 天下の富ここに集まる

▲左　揚州は伝統工芸でも知られる。　▲右　機関船を先頭に連なる船、京杭大運河を通って江南の物資が運ばれた

だ唐代の揚州は現在の揚州市街全域に匹敵するほど広大なものだった。明清時代は文昌閣を中心とする旧城西部（官吏などが暮らした旧市街）、運河に近い旧城東部（塩商などが暮らした新市街）で構成され、揚州の古名が「江都」というように長江や淮河へ続く運河のはりめぐらされた「水の都」の性格をもっていた。揚州には長らく鉄道が走っていなかったため、20世紀以後、経済は停滞していたが、市街西郊外に揚州駅がつくられ、博物館や展覧会場もその近くに移転した。また東郊外の江都区に空港ができ、南郊外に開発区がつくられるなど、市域の拡大は続いている。

【地図】揚州

【地図】揚州の ［★★★］
- ☐ 大明寺 大明寺ダアミンスー
- ☐ 痩西湖 痩西湖ショウシイフウ

【地図】揚州の ［★★☆］
- ☐ 五亭橋 五亭桥ウゥティンチャオ
- ☐ 文昌閣 文昌阁ウェンチャンガア
- ☐ 四望亭 四望亭スウワンティン
- ☐ 文峰塔 文峰塔ウエンフェンタア
- ☐ 天寧寺 天宁寺ティエンニンスウ
- ☐ 个園（個園）个园ガアユュエン
- ☐ 古運河 古运河グウユンハア
- ☐ 何園 何园ハアユゥエン

【地図】揚州の ［★☆☆］
- ☐ 虹橋 虹桥ホォンチャオ
- ☐ プハティン墓園 普哈丁墓园プウハアディンムウユゥエン
- ☐ 隋煬帝陵 隋炀帝陵スイヤンディリン
- ☐ 西湖鎮司徒村（煬帝の墓）西湖镇司徒村 シイフウチェンスートゥツン
- ☐ 揚州経済技術開発区 扬州经济技术开发区 ヤンチョウジンジィジイシュウカイファアチュウ
- ☐ 上方寺 上方寺シャンファンスウ
- ☐ 竹西公園 竹西公园チュウシイゴンユゥエン

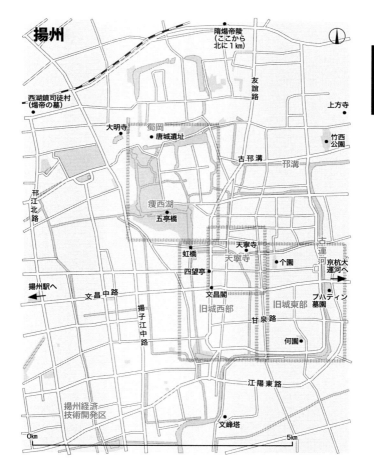

【MEMO】

CHINA
江蘇省

Guide,
Da Ming Si
大明寺
鑑賞案内

鑑真が住持をつとめていた大明寺
自由な気風にあふれた国際貿易都市だった
唐代の揚州で鑑真は育ち、ここから日本へ渡った

大明寺 大明寺 dà míng sì ダアミンスー ［★★★］

大明寺は南朝宋の大明年間（457〜464年）に創建された古刹。王朝名の「明」と同じ名前をさけるため、清朝乾隆帝時代（在位1735〜1795年）に法浄寺と名づけられ、太平天国の乱で荒廃したのち、同治帝時代（1861〜75年）に再建された。長いあいだ鑑真ゆかりの寺であることは忘れられていたが、大正時代の1922年にこの寺こそ鑑真が住持をつとめた大明寺であることが「発見」された（1980年、奈良唐招提寺から鑑真像が里帰りしたことを記念して唐代の名前大明寺に戻された）。現在は山門から四天王をまつる天王殿、三

【地図】大明寺

【地図】大明寺の [★★★]
- ☐ 大明寺 大明寺ダアミンスー
- ☐ 痩西湖 痩西湖ショウシイフウ

【地図】大明寺の [★★☆]
- ☐ 鑑真記念堂 鉴真纪念堂 ジィアンチェンジイニィエンタン
- ☐ 棲霊塔 栖灵塔チイリンタア

【地図】大明寺の [★☆☆]
- ☐ 平山堂 平山堂ピンシャンタン

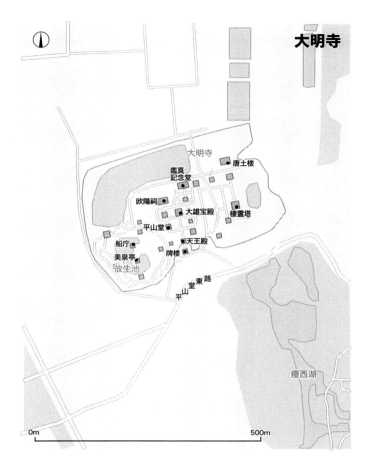

CHINA
江蘇省

尊仏と十八羅漢を安置する大雄宝殿、九層の棲霊塔、唐招提寺をもとに建てられた鑑真記念堂、天下第5泉などが展開する。この寺の出す精進料理（素菜）は揚州を代表する料理のひとつとして知られる。

鑑真記念堂 鉴真纪念堂 jiàn zhēn jì niàn táng
ジィアンチェンジイニィエンタン [★★☆]

鑑真和上の死後1200年にあたる1963年に建てられた鑑真記念堂。正面5間からなる建物は奈良唐招提寺金堂を模して設計され、唐代の建築様式を今に伝える（唐招提寺は日本に渡

▲左　鑑真ゆかりの大明寺、日本とのゆかりも深い。　▲右　寺の入口に立つ牌楼

来した鑑真によって759年に創建され、戦乱などのあおりを受けず、当時の建築様式を残している）。日本に渡来する前の鑑真は、「（淮南と長江北で）浄く戒律を持する者は、ただ大和上独り秀れて倫なし」と言われ、鑑真は仏法とともに豆腐や丸薬を日本にもたらしたという。

鑑真の東征

漢代から続く名家に生まれた鑑真（688〜763年）は、長安で修行したあと、故郷の揚州に戻ってきた。遣唐使の栄叡と普照の訪問を受け、鑑真は「誰か日本へ法を伝えに行く者は

CHINA
江蘇省

いないか？」と尋ねたが門弟は誰も答えず、自ら日本へ渡ることを決意した（当時の旅は生命の危険がともない、法で禁じられた密航だった）。日本渡航にあたって、鑑真は5度失敗するなど12年もの年月を費やし、最後は盲目になりながら、753年の6度目の渡航で日本にたどり着くことができた。聖武天皇のおさめる日本では、東大寺に戒壇院がもうけられ、鑑真を中心に戒壇や受戒といった正式な僧侶となる手続きが明確にされた。763年、日本で鑑真がなくなったという知らせは揚州にも伝わり、揚州の諸寺院は東に向かって3日間、哀悼の儀を行なったという。

Yangzhou 大明寺鑑賞案内

棲霊塔 栖灵塔 qī líng tǎ チイリンタア ［★★☆］

棲霊塔は隋代の601年に創建された九層の仏塔で、最上層は「白雲のうえにそそり立つ」とたとえられるなど、揚州のシンボルとして知られていた。洛陽にあった永寧寺の九層の塔を模したと言われ、この棲霊塔にちなんで大明寺は棲霊寺とも呼ばれていた。李白がこの塔にのぼって「秋日登揚州西霊塔（唐城西にそびえ、西と棲は同音）」という詩を残しているが、唐武宗の時代（在位840〜846年）に火災にあい、寺ともども破壊されてしまった。その後、宋代に七層の仏塔が再建されたが、やがて崩壊し、現在の棲霊塔は20世紀末に

CHINA
江蘇省

再建されたものとなっている。

平山堂 平山堂 píng shān táng ピンシャンタン ［★☆☆］

北宋の名官吏欧陽脩（1007 〜 72 年）の別邸で、この建物から見る遠山が目の前にあり、堂と同じ高さに見えることから名づけられた平山堂。政治、文学、歴史など多彩な才能を発揮した欧陽脩は、1048 年、揚州知事として赴任し、平山堂はその年に建てられた（文人がここに集まり、詩を詠んだり、茶や酒を愉しんだ）。現在の建物は、欧陽脩の子孫である欧陽正庸が清代の 1879 年に建てたもので、そばには欧陽祠も

▲左　豊かな仏教の伝統をもつ揚州。　▲右　唐代の伽藍をもとに再建された

残っている。

揚州と仏教

中国南北にわかれた動乱の南北朝時代（420〜589年）、南朝、北朝ともに仏教を中心とする国家政策がとられた（南朝は氏族仏教、北朝は国家仏教の性格が強かったという）。隋煬帝は皇太子時代に南朝平定の総司令官として揚州に駐在し、仏教と道教の道場を開いている。591年、煬帝は天台宗の開祖となる智顗から菩薩戒を受け、一方、智顗に智者大師の号を授けている。仏教を国の中心にすえるという政策は隋唐時代

CHINA
江蘇省

も受け継がれ、鑑真は揚州大雲寺の智満禅師から受戒し、のちに龍興寺に移っている。この大雲寺は則天武后が690年に中国全土においた仏教寺院で、日本の国分寺のもととなった。

【MEMO】

Guide, Shou Xi Hu
痩西湖鑑賞案内

揚州旧城の北西城外の虹橋から
蜀岡へと続く痩西湖
煬帝や乾隆帝、文人に愛された景勝地

虹橋 虹桥 hóng qiáo ホォンチャオ ［★☆☆］

痩西湖の南側の入口地点にかかる虹橋。このあたりは清朝康熙帝から乾隆帝時代（17〜18世紀）に揚州でもっともにぎわっていた場所で、「揚州好、第一是虹橋」と言われた。虹橋界隈の庭園では梅、桃、牡丹など四季折々の花が咲き、文人たちは船遊びをして書画をしたためた。

痩西湖 瘦西湖 shòu xī hú ショウシイフウ ［★★★］

蜀岡から曲がりくねって揚州旧城へ流れる保障川を利用して造営された庭園の痩西湖。痩西湖という名前は、江南を代表

【地図】痩西湖と蜀岡の [★★★]
- [ ] 痩西湖 瘦西湖ショウシイフウ
- [ ] 大明寺 大明寺ダアミンスー

【地図】痩西湖と蜀岡の [★★☆]
- [ ] 五亭橋 五亭桥ウゥティンチャオ

【地図】痩西湖と蜀岡の [★☆☆]
- [ ] 虹橋 虹桥ホォンチャオ
- [ ] 長堤春柳 长堤春柳チャンディイチュンリョウ
- [ ] 釣魚台 钓鱼台ディアオユウタイ
- [ ] 白塔 白塔バイタァ
- [ ] 二十四橋 二十四桥アァシイスウチャオ
- [ ] 蜀岡 蜀冈シュウガン
- [ ] 観音山 观音山グァンインシャン
- [ ] 唐城遺址 唐城遗址タンチャンイイチイ
- [ ] 漢広陵墓博物館 汉广陵王墓博物馆 ハングァンリンワンムウボオウグァン

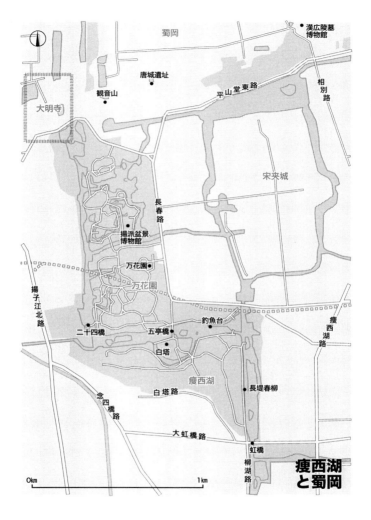

痩西湖と蜀岡

CHINA
江蘇省

する景勝地の杭州西湖にくらべて痩せているところから名づけられている(「細長い西湖」)。隋の煬帝、清の乾隆帝などが船に乗ってこの美しい風景を愛で、中国琵琶の演奏を聴きながら、揚州美女とたわむれたという。現在の姿となったのは清朝乾隆帝時代(在位1735年〜95年)のことで、莫大な富を得た塩商の程氏が、自然の地形にあわせるように、湖畔の道沿いに楼閣や亭を築いたことによる。江南を代表する庭園「大虹園」として知られ、「長堤春柳」「西園曲水」「白塔晴雲」など24の景区をもつ。

▲左　瘦西湖は揚州を代表する景勝地。　▲右　清朝乾隆帝が釣り糸を垂らしたという釣魚台

長堤春柳 长堤春柳
zhǎng dī chūn liǔ チャンディイチュンリョウ ［★☆☆］

瘦西湖湖畔、南北に走る小道沿いに続く長堤春柳。柳の木（楊柳）や桃の木がしげっていて、四季折々の美しい姿を見せる。柳が水辺を彩る姿は、揚州を代表する景観のひとつとなっている。

釣魚台 钓鱼台 diào yú tái ディアオユウタイ ［★☆☆］

瘦西湖に浮かぶ小金山（長春嶺）に立つ釣魚台。南巡した乾隆帝が釣りを愉しんだ場所だと伝えられる。

江蘇省

五亭橋 五亭桥 wǔ tíng qiáo ウゥティンチャオ ［★★☆］
痩西湖のなかほどにかかる美しいたたずまいから、揚州を象徴する姿にあげられる五亭橋。清朝乾隆帝（在位 1735 〜 1795 年）時代に架けられ、橋の中央には蓮の花にたとえられる黄色の屋根瓦をもった 5 つの風亭が載る。また船が通り過ぎることのできる半円形アーチの橋下部には 15 の空洞があり、満月の夜、それぞれに満月を映し出す。運河のはりめぐらされた揚州は月見の名所としても知られてきた。

▲左　5つの亭がならぶ五亭橋。　▲右　塩商が塩でつくったという逸話も残る白塔

白塔 白塔 bái tǎ バイタァ ［★☆☆］

五亭橋の南側に立つ高さ 27.5m の白塔。清の乾隆帝が南巡して瘦西湖を訪れたとき、「(北京北海公園の) 瓊島春陰のような白塔があるとよい」と述べた。乾隆帝を案内していた塩商が、皇帝の側近に北京の白塔を描いてもらい、(白い)塩を使って一夜にしてつくりあげたのをはじまりとするという。

CHINA
江蘇省

二十四橋 二十四桥
èr shí sì qiáo アァシイスウチャオ [★☆☆]

二十四橋はもともと唐代、運河がはりめぐらされた揚州城内外にかけられた24つの橋を指した（揚州は「橋の街」として知られた）。痩西湖にかかる二十四橋の名前はそこから名づけられ、長さ24m、幅2.4mのアーチ型虹橋となっていて、24本の手すりをもつ。

Yangzhou 痩西湖鑑賞案内

揚州の芍薬

中国では隋唐以来、花の栽培が盛んになり、痩西湖湖畔にも多くの芍薬が植えられている。芍薬はボタン科の多年草で、鑑賞用だけでなく、漢方薬にも使われる生薬だった。宋代に記された王観の『揚州芍薬譜』には「揚州の芍薬は天下第一である」と記され、花の大小、色の濃淡はじめ、揚州の人々が花を愛でる様子が描かれている。春の夜明けには花市が開かれたという。

Guide, Shu Gang
蜀岡城市案内

揚州はじまりの地と言える蜀岡
隋の煬帝はこの地に三度滞在し
豪勢な宮殿園林を築いた

蜀岡 蜀冈 shǔ gāng シュウガン ［★☆☆］

蜀岡は揚州市街の北側に広がる高さ10m前後の丘陵で、長江の水害をさけられることもあって、最初の揚州の街はここにつくられた（200万年以上前に形成された台地で、新石器時代末期から人が住みはじめたという）。紀元前486年、呉王夫差が中原進出の拠点「邗城」を築き、続く秦、漢、後漢代、この蜀岡は広陵（広い丘）と呼ばれていた。隋の煬帝の江都宮、唐代の官吏が暮らした子城も蜀岡にあった。

CHINA
江蘇省

観音山 观音山 guān yīn shān グァンインシャン [★☆☆]

蜀岡の3つの峰のうち、唐子城の南西隅のもっとも高い峰、観音山。現在、観音禅寺の伽藍となっているが、古くは隋の煬帝が贅沢三昧にふけった行宮がおかれていたと伝えられる。煬帝は揚州（江都）を長安、洛陽に準ずる都とし、江南の優雅な文化や自然、料理、美女を愛した（煬帝は旧南朝出身の宣華夫人、容華夫人をめとっている）。数万の人員を動員して観音山に楼閣を築き、100あまりある部屋には皇帝のために献上された美女が待ち、料理、お酒、調度品がおかれていた。煬帝が酒池肉林にふけったこの楼閣は、複雑なづく

Yangzhou 蜀岡城市案内

▲左　煬帝は湖に船を浮かべ、美女とたわむれたという。　▲右　蜀岡へ続く道、豊かな自然で彩られている

りをしていて、「(一度入ると) 神仙でもここでは迷う」という意味から迷楼と名づけられた。

煬帝と運河

黄河、淮河、長江といった河川はいずれも西から東に流れるため、中国では東西の移動は比較的かんたんだが、南北の移動は困難をともなってきた。緯度の異なる南方と北方ではとれる作物や収穫状況が異なることもあって、春秋戦国時代から南北を結ぶ運河が開削された。610年、これらの運河をつなぎあわせ、長安、洛陽から北京、揚州、蘇州、杭州までを

CHINA
江蘇省

ひとつに結んだのが煬帝だった。611年、煬帝は長さ600m、4階建ての龍船に乗り、遊覧船数千と護衛船数千をともなってこの運河を巡航した。煬帝は運河沿いに40あまりの離宮を建てたと言われ、揚州の行宮は洛陽近くの顕仁宮についで豪勢だったという。聖徳太子に派遣された小野妹子は、607年、洛陽で煬帝に謁見している。

Yangzhou 蜀岡城市案内

唐城遺址 唐城遗址
táng chéng yí zhǐ タンチャンイイチイ [★☆☆]

隋の煬帝が築いた江都宮を受け継ぐかたちで整備された唐代（618 〜 907 年）の揚州城。蜀岡にある子城（揚州大都督府、淮南節度使府などがおかれ、官吏が暮らした）と、そこに南接する羅城（商人や職人が暮らした）から構成されていた。明清時代の城郭をはるかにしのぐ規模の 18.12㎞におよぶ城郭が続き、揚州は長安、洛陽につぐ経済都市として繁栄をきわめていた。この唐城遺址からは印紋陶、漆器や墓などが発掘されている。

【MEMO】

CHINA
江蘇省

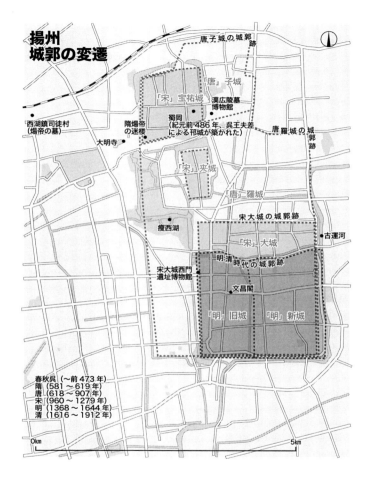

CHINA
江蘇省

漢広陵墓博物館 汉广陵王墓博物馆
hàn guǎng líng wáng mù bó wù guǎn
ハングァンリンワンムウボオウウグァン [★☆☆]

漢広陵墓博物館として開館している前漢武帝（前156〜前87年）の子で初代広陵王劉胥の墳墓。棺を中心に四方を柏木で組みあげた漢代の埋葬方式「黄腸題湊」の様式をもつ。劉胥とその夫人の墓のほか、漢代に関する展示が見られる（広陵は揚州の古名）。

▲左　前漢時代の墓様式が見られる漢広陵墓博物館。　▲右　古代の揚州は銅山と塩場の開発で発展した

呉楚七国の乱と揚州

紀元前202年、項羽を破って漢の皇帝となった高祖劉邦は、皇帝の直轄地と半独立国である諸侯の地を併存させる郡国制をとった（前代の秦始皇帝は、急進的に中央集権を進めていた）。高祖劉邦は自らの一族を各国の王とし、紀元前195年以来、揚州（広陵）を中心とする呉国は、劉邦の兄の子劉濞によって統治されていた。劉濞は領内の銅山を開発し、海塩の販売を行なったためうるおい、揚州の発展は進んだ。こうしたなか、漢の朝廷は諸侯国の力をそぐ政策をとったことから、紀元前154年、劉濞は漢東南地方の7つの国とともに蜂

CHINA
江蘇省

起した(呉楚七国の乱)。乱の鎮圧後、朝廷から官吏が派遣される中央集権体制が確立した。

隋煬帝陵 隋炀帝陵
suí yáng dì líng スイヤンディリン [★☆☆]

揚州北郊外の雷塘に残る隋煬帝陵(雷塘とはこの地にあった湖にちなみ、明末に農地となった)。604年、隋の煬帝は南北朝を統一した文帝のあとついで即位し、大運河を完成させるなど積極的な事業を展開した。一方で、豪華な宮殿の造営や高句麗遠征は人々を疲弊させ、揚州の離宮で配下の宇文化

Yangzhou | 蜀岡城市案内

及に殺害された。高さ 3m、直径 10m ほどの盛り土状の小さな墓は、622 年の唐代、揚州に赴任した役人が現在の場所に改葬したもの。このとき、「色を好んで礼を無視した者、天に逆らい人民を苦しめた者」を意味する煬帝という諡もつけられた（中国では煬帝「ヨウダイ」は悪帝とされ、呉音の「ダイ」が使われる）。清代の伊秉綬の筆による石碑が立つ。

CHINA
江蘇省

西湖鎮司徒村（煬帝の墓）西湖镇司徒村
xī hú zhèn sī tú cūn シイフウチェンスートゥツン [★☆☆]

天下が乱れると煬帝は、洛陽、長安を捨て揚州の江都宮へ逃れた。618年、煬帝配下の宇文化及は煬帝にせまり、その罪状をあげて殺害した。殺害にあたって、煬帝は「天子の死には法がある。刃を加えてはならぬ。毒をもて」と抵抗したものの、身につけていた絹で絞め殺された。この煬帝の亡骸は呉公台に埋葬され、雷塘に改葬されたが最初の墓の所在はわからない状態だった。こうしたなか、2013年に西湖鎮司徒村曹荘から煬帝の墓が発掘された。

【MEMO】

Guide, Jiu Cheng Xi Fang
旧城西部城市案内

大きく東西にわけられる明清時代の揚州旧城
旧城西部は官吏が暮らしたエリアで
役所や文教施設が残っている

文昌閣 文昌阁 wén chāng gé ウェンチャンガア ［★★☆］
旧城西部の中心に立ち、明代の1585年、揚州府学として建てられた文昌閣。北斗七星第4星の文昌（文化昌盛）は南宋以来「学問の神様」と見られ、科挙の合格祈願や合格者の名前が張り出される場所となってきた。八角三層の楼閣に円錐形の屋根をもつたたずまいから、「小天壇」とも呼ばれる（北京天壇公園の祈念殿と似ているため）。明清時代の揚州旧城よりもはるかに広大だった唐代の揚州城の中心もこのあたりにあり、現在では文昌広場が整備されるなど繁華街が広がる。

【地図】旧城西部

【地図】旧城西部の [★★★]
- [ ] 痩西湖 痩西湖 ショウシイフウ

【地図】旧城西部の [★★☆]
- [ ] 文昌閣 文昌阁 ウェンチャンガア
- [ ] 四望亭 四望亭 スウワンティン
- [ ] 仙鶴寺 仙鹤寺 シィアンハアスウ
- [ ] 天寧寺 天宁寺 ティエンニンスウ
- [ ] 个園(個園) 个园 ガアユゥエン
- [ ] 古運河 古运河 グウユンハア

【地図】旧城西部の [★☆☆]
- [ ] 汶河路 汶河路 ウエンハアルウ
- [ ] 古木蘭院石塔 古木兰院石塔 グウムウランユゥアンシイタア
- [ ] 宋大城西門遺址博物館 宋大城西门遗址博物馆 ソンダアチャンシイメンイイチイボオウグァン
- [ ] 揚州八怪記念館 扬州八怪纪念馆 ヤンチョウバアグアイジイニィエングァン
- [ ] 旌忠寺 旌忠寺 ジンチョンスウ
- [ ] 甘泉路 甘泉路 ガンチュアンルウ
- [ ] 荷花池公園 荷花池公园 ハアフゥアチイゴンユゥエン
- [ ] 教場民俗風情街区 教场民俗风情街区 ジャオチャンミンスウフェンチンジエチュウ
- [ ] 虹橋 虹桥 ホォンチャオ

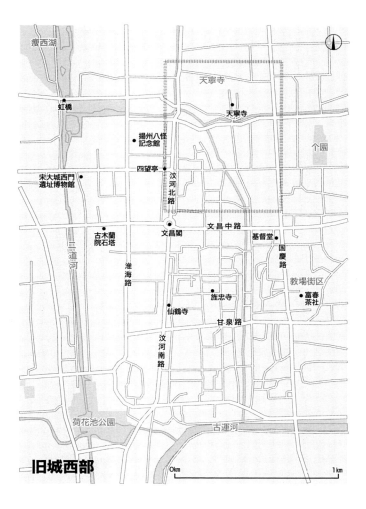

CHINA
江蘇省

汶河路 汶河路 wèn hé lù ウエンハアルウ ［★☆☆］

揚州旧城を南北に走る大動脈の汶河路は、かつての古運河が走り、5kmに渡って続いた唐代の長街に比定される。唐代、この界隈のにぎわいは夜遅くまで絶えず、大道商人、旅館や料理店、着飾った女性、ペルシャ人の宝石商の姿があった。晩唐の詩人杜牧は毎晩、降紗灯をともす青楼に通ったと伝えられ、唐代の詩人張祜は「十里の長街 市井連なり／明月橋の上 神仙を看る／人生ただまさに揚州に死すべし／禅智山光は 墓田に好し」と詠っている。

▲左　揚州市街の中心部に立つ文昌閣。　▲右　唐代の揚州は現代の揚州と変わらないほどの規模の街だった

四望亭 四望亭 sì wàng tíng スウワンティン ［★★☆］

揚州旧城の西門へ続く四望亭路に立つ三層八角形のプランをもつ楼閣、四望亭。明代の1559年に儒学を教える学校として創建され、文奎楼や魁星楼（科挙の合格祈願などが行なわれた）の名前で知られていた。1853年、揚州に進出した太平天国軍がこの楼閣にのぼって街の様子を確認したところから、四望亭（四方を望む亭）と名づけられた。現在の建物は清代に重修されたもので、木材で組まれた揚州を代表する建築のひとつとなっている。

CHINA
江蘇省

古木蘭院石塔 古木兰院石塔 gǔ mù lán yuàn shí tǎ
グウムウランユゥアンシイタア ［★☆☆］

石塔路に立つ六角五層の古木蘭院石塔。仏舎利を納めるための仏塔として唐代の838年創建されたもので、当初は木蘭院の敷地内にあった（南朝宋の440年に創建された古刹で、その後、寺はなくなった）。宋代、清代に重修されているものの、唐代の様式を伝える26体の仏像、欄干に彫られた龍や鳳凰、牛馬の彫刻などが残っている。

旧城西部城市案内 / Yangzhou

宋大城西門遺址博物館 宋大城西门遗址博物馆
sòng dà chéng xī mén yí zhǐ bó wù guǎn
ソンダアチャンシイメンイイチイボオウウグァン［★☆☆］

宋代、人々が暮らした大城は明清時代の旧城とその北部分に一致し、宋大城の西門跡を利用した宋大城西門遺址博物館。宋大城西門遺址博物館では、瓮城と呼ばれる防御に適した門跡が見られる（人の出入りする門は防御が薄くなりがちで、そのため門を二重にするなど構造に工夫された）。宋代の揚州は、この「大城」と蜀岡の「宝祐城（官吏が暮らした）」、大城と宝祐城のあいだの要塞にあたる「夹城(瘦西湖東の笔架山)」からなっていた。

CHINA
江蘇省

揚州八怪記念館 扬州八怪纪念馆
yáng zhōu bā guài jì niàn guǎn
ヤンチョウバアグアイジイニィエングアン ［★☆☆］

清の乾隆帝時代（在位1735〜95年）、北京や蘇州の宮廷画家に対して、揚州を拠点に新鮮な画風で知られた画家集団の揚州八怪。揚州八怪記念館では、金農、黄慎、李鱓、汪士慎、高翔、鄭燮、李方膺、羅聘の8人の画家、また高鳳翰、閔貞、華嵒らの書画が見られる。これらの画家が揚州に集まったのは、塩の専売で莫大な富を築いた揚州商人の庇護を受けたためで、揚州八怪は塩商たちの豪邸に起居した。商業都市揚州

▲左　数々の文人がこの街に集まった。　▲右　白い帽子をかぶったイスラム教徒の回族

の自由な気風のもと育まれ、花卉雑画と呼ばれる花や草木、鳥獣がさまざまな書体とともに描かれた。ここは隋代に創建された西方寺があった場所だという。

旌忠寺 旌忠寺 jīng zhōng sì ジンチョンスウ ［★☆☆］
六朝時代の6世紀、天台宗の開祖智顗が布教した場所だと伝えられる旌忠寺。またこの寺の文選楼は、鎮江招隠寺とともに、昭明太子が『文選』の編纂をした場所とされる（『文選』は中国古典文学を集めたもの）。現在の伽藍は20世紀末に再建された。

CHINA
江蘇省

仙鶴寺 仙鶴寺 xiān hè sì シィアンハアスウ ［★★☆］
広州懐聖寺、泉州麒麟寺、杭州鳳凰寺とともに中国イスラム教四大寺院にあげられる揚州仙鶴寺（これらの街は、イスラム商人がコミュニティを形成した港町にあたった）。宋代の1275年、イスラム教開祖ムハンマドの第16代目の子孫にあたるプハティン（普哈丁）によって創建され、鶴の羽を広げた姿に寺院が似ていることから仙鶴寺と名づけられた。現在の建物は、文革以後の1982年に再建されたもので、中庭、メッカに向かって祈る礼拝殿のほか、イスラム指導者アホンの住居も隣接する。

旧城西部城市案内

甘泉路 甘泉路 gān quán lù ガンチュアンルウ ［★☆☆］
揚州旧城南部を東西に走る大通りの甘泉路。餃子や餅、麺などで知られる共和春酒家はじめ、商店、料理店がならぶ。

荷花池公園 荷花池公园 hé huā chí gōng yuán
ハアフゥアチイゴンユゥエン ［★☆☆］
揚州旧城の南西に位置する荷花池公園。清代、南園と呼ばれて揚州を代表する庭園だったところで、「硯北染翰」などの景勝地が残る。南に立つ文峰塔が借景にとり入れられている。

CHINA
江蘇省

文峰塔 文峰塔 wén fēng tǎ ウエンフェンタア［★★☆］
揚州旧城南城外の古運河沿いに立つ文峰塔。唐代、この地から鑑真和上は日本に向けて出発したと伝えられる。八角七層のプランをもつ高さ40mの文峰塔は、1582年、文峰寺の敷地内に建てられた（運河のはりめぐらされた江南地方では、街の目印となる楼閣を入口付近に築くことが多かった）。塔の上部からは北の揚州市街、南の瓜州が視界に入り、あたりは船の集まる波止場となっている。

唐代 花開いた 揚州夢

CHINA
江蘇省

唐代、長安、洛陽につぐ都だった揚州
世界中から集まった街の人口は
100万人とも言われる

詩人杜牧の青春

「江湖に落魄し 酒を載せて行く／楚腰繊細 掌中に軽し／十年一たび覚む 揚州の夢／贏ち得たり 青楼薄倖の名」(『懐を遣る』)と詠った晩唐の詩人杜牧（803〜853年）。揚州の官吏として青年時代を過ごした杜牧は毎晩のように汶河路界隈にあった青楼（娼楼）に通って放蕩にふけった。杜牧の上司である牛僧孺は、そんな杜牧の身を案じて30人の部下に密かに警護させていた。ふたりがわかれるとき、牛僧孺が「あまり遊び過ぎないように」と注意すると、杜牧は「充分気をつけておりますので」と返した。牛僧孺は「〇月〇日、無事」「〇

唐代花開いた揚州夢 Yangzhou

月〇日、問題なし」と書かれた部下の報告書をとり出し、それを見た杜牧は生涯その恩を忘れなかったという。唐代、新興官僚の牛僧孺は、門閥貴族の李徳裕と牛李の党争を展開し、ふたりはともに揚州都督をつとめている。

海のシルクロード

唐代の揚州は、あげ潮に乗って海船が到着でき、珠玉や香料であふれる海のシルクロードの中国側の拠点となっていた。アラビア人によってカンツー（江都）Kantou と呼ばれた揚州には、アラビア、ペルシャ、インド、新羅商人などが住居

【MEMO】

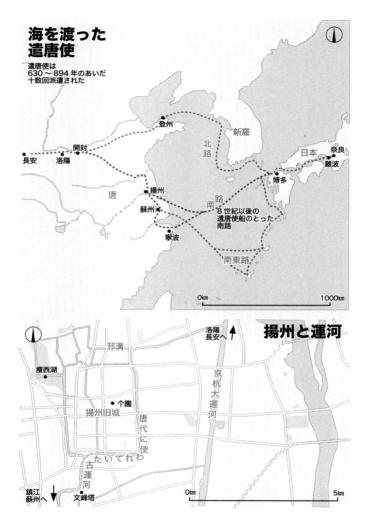

CHINA
江蘇省

を構え、南の広州とならぶ国際貿易都市となっていた（651年、大食と呼ばれたアラブの使節が唐の朝廷を訪れていて、この年を象徴的にイスラム教の中国への伝播と見る）。こうした要地揚州には対外貿易を一手ににない市舶司がおかれ、揚州長官の俸禄は長安の長官と同じであった。揚州炒飯はこの地でアラビア人が白米を炒めたことをはじまりとするとも、煬帝の南巡にともなって伝えられたともいう。

遣唐使円仁の見た揚州

遣唐使船に乗った天台宗の円仁は、838年、揚州に上陸してい

Yangzhou

唐代花開いた揚州夢

る。長江河口部に漂着した遣唐使船は、まず現地人に筆談などで場所を確認してから、その地の役所におもむくことになっていた（円仁は現地人から「此は是れ、大唐揚州海隆県淮南鎮大江口なり」という答えを受けた）。4隻で構成された遣唐使団は500〜600人という大所帯だったが、実際、都の長安行きを許されたのは大使や副使など25〜50人程度だった。円仁をふくむ多くの遣唐使は、入国手続きをする窓口の揚州で大使たちが帰ってくるのを待ち、円仁は揚州に8か月間滞在して詳細な記録を残している。円仁の記録では、大晦日の揚州で僧侶と人々が一緒になって紙幣を燃やし、爆竹を鳴らしたという。

Guide, Tian Ning Si
天寧寺鑑賞案内

揚州旧城の北門城外に流れる運河（護城河）
南巡した清朝皇帝が訪れた冶春園
古刹天寧寺などが位置する

天寧寺 天宁寺 tiān níng sì ティエンニンスウ ［★★☆］
天寧寺は揚州を代表する古刹として知られ、現在は天王殿、大雄宝殿などの伽藍を利用した揚州仏教文化園となっている。古くは王羲之とも交遊のあった東晋の官吏謝安(320～385年)の別荘がおかれ、その後、仏教寺院となり、418年、ネパールの仏僧仏駄跋陀羅がこの寺で『華厳経』を漢訳した。天寧寺という寺名は北宋代に天寧禅寺となったことにちなみ、その後、荒廃したのち明代に再建された。とくに清代、康熙帝や乾隆帝が南巡の際に天寧寺を訪れ、書物の編纂や塩務署による演劇が行なわれるなど江南文化の中心地となっていた。

【地図】天寧寺の [★★☆]

- [ ] 天寧寺 天宁寺 ティエンニンスウ
- [ ] 文昌閣 文昌阁 ウェンチャンガア
- [ ] 四望亭 四望亭 スウワンティン

【地図】天寧寺の [★☆☆]

- [ ] 冶春園 冶春园 イェチュンユゥエン
- [ ] 行宮遺址 行宫遗址 シンゴンイイチイ
- [ ] 史可法記念館 史可法纪念馆 イカアファアジイニィエングアン
- [ ] 汶河路 汶河路 ウエンハアルウ

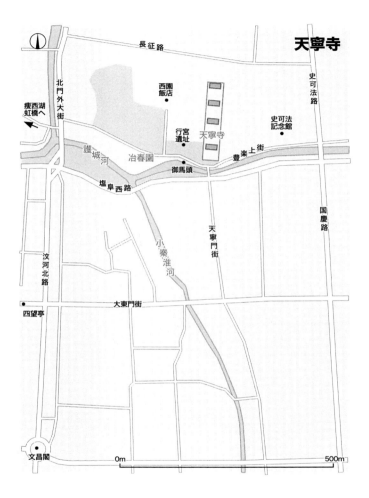

Yangzhou　天寧寺鑑賞案内

CHINA
江蘇省

冶春園 冶春园 yě chūn yuán イェエチュンユゥエン[★☆☆]
天寧寺に付属し、楼閣と四季折々の自然が一帯となった名園として知られた冶春園。清代、王士慎（魚洋山人）をはじめとする文人や墨客がここに集まって酒を飲み、書画をしたためた。この冶春園から虹橋（痩西湖）へ続く一帯は茶館や名園がならび、「文酒聚会の地」と呼ばれていた。

行宮遺址 行宫遗址 xíng gōng yí zhǐ シンゴンイイチイ[★☆☆]
北京からの南巡にあたって、清朝第6代乾隆帝は天寧寺前の運河に専用の船着場（御碼頭）をつくり、この地に行宮をお

天寧寺鑑賞案内

いた。天寧寺の庭園に『四庫全書』の写本をおさめる文匯閣（揚州大観堂）が建てられるなど、江南文化の発信地となっていた。文匯閣は太平天国の乱の際に焼尽と化している。

揚州ではじまった満漢全席

中国全土の山海の珍味を献立にした満漢全席は、1764 年の乾隆帝南巡にあたって、揚州の塩商が献上したのをはじまりとするという。ツバメの巣のスープ、なまこと豚のアキレス腱、揚巻貝のスープ、昆布と豚の胃袋のあつものなど、乾隆帝時代の揚州を記した『揚州画舫録』には 49 種類の料理が

CHINA
江蘇省

記されている(魚や野菜を使った淮揚料理と、豚や羊を焼いたり、煮たりした満州料理があわさっている)。揚州の淮揚料理は『紅楼夢』で描かれた「紅楼宴」のもととなったとも言われ、皇帝たちはその豊かな食文化を北京で再現させた。

史可法記念館 史可法纪念馆 shǐ kě fǎ jì niàn guǎn
シイカアファアジイニィエングアン [★☆☆]

明末清初、揚州に幕府を開き、明朝崩壊後も南明を樹立するなど忠義をつくした史可法(1602〜45年)。揚州にいたった清軍は投降を勧めたが、史可法はこれを拒否して殺害さ

▲左　天寧寺に隣接する史可法記念館。　▲右　巨大な仏画が飾られている

れた（このとき揚州で80万人が殺害されたと『揚州十日記』には記されている）。儒教的価値観では、二君に仕えないことは美徳とされ、南明の唐王隆武帝から「忠靖」、乾隆帝からは「忠正」と諡されている。史可法記念館には史可法に関する展示が見られるほか、敷地内に史可法祠墓も残る。

揚州地名あれこれ

古代、揚州は『禹貢』のなかに描かれた九州のひとつとして登場し、江蘇省、浙江省、安徽省、江西省、福建省をふくむ広大な地域をさした。この地名が現在の街をさすようになっ

CHINA
江蘇省

たのは隋代以降のことで、「揚」は「大河の波浪が揚がる」を意味するという(かつて南京や合肥も揚州と呼ばれることがあった)。漢代には波しぶきを見る観濤の名所と知られ、長江は「東海の西隅(海口)」と呼ばれた揚州や鎮江付近で海に入っていた。また長江の別名の揚子江は揚州南の揚子県に由来し、現在の揚州には花柳街があったことの名残の北柳巷、南柳巷、揚州の旧名である広陵駅といった地名も残っている。

Guide,
Shuang Dong Li Shi Jie Qu
双東街区
城市案内

東関街と東圏門を中心に細い路地が走り
明清時代を彷彿とさせる双東歴史街区
「江左第一」と称された揚州庭園も残る

東関街 东关街 dōng guān jiē ドォングァンジエ ［★★☆］
明清時代からの伝統をもつ江南住宅が軒を連ねる東関街。塩商馬氏による贅の限りをつくした邸宅「街南書屋（小玲瓏山館）」、古運河の渡し場「東関古渡」、揚州長官をつとめたマルコ・ポーロに関する「馬可波羅紀念館」などが残る。清代、数万冊の蔵書をもつ街南書屋には中国を代表する学者や文人、画家が集まり、乾隆帝の『四庫全書』の編纂にあたって多くの書物がここから献上された。またこのあたりの古い住宅には浴室をもたない家も多く、人々が銭湯に通うことも特徴のひとつとなっている（揚州の銭湯は、この地を訪れた

【地図】双東街区

【地図】双東街区の [★★☆]
- [ ] 東関街 东关街 ドォングァンジエ
- [ ] 个園（個園）个园 ガアユュエン
- [ ] 古運河 古运河 グウユンハア

【地図】双東街区の [★☆☆]
- [ ] 東圏門 东圈门 ドォンチュウエンメン
- [ ] 教場民俗風情街区 教场民俗风情街区 ジャオチャンミンスウフェンチンジエチュウ
- [ ] 朱自清故居 朱自清故居 チュウツッチングウチュウ

CHINA
江蘇省

アラビア商人以来の伝統だともいう)。

東圏門 东圈门
dōng quān mén ドォンチュウエンメン [★☆☆]
東関街の南側を平行するように走る路地の東圏門。清末の塩商邸宅「汪氏小苑」、揚州の伝統民芸として知られる剪紙をあつかった「中国剪紙博物館」、道教寺院の「瓊花観」などが位置する。清代、莫大な富を築いた塩商によって揚州に豊かな文化が育まれ、揚州花柳界も中国屈指のにぎわいを見せていた。

▲左　東関街の揚州炒飯店。　▲右　明清時代を思わせる石づくりの伝統住宅が続く

揚州の工芸・民芸

漆器、玉器、刺繍、剪紙などの伝統工芸で知られる揚州。食器や調度品、装飾品、建築で使われる漆工芸は、唐代に盛んになり、揚州を訪れた遣唐使がもち帰った琵琶などの楽器、文具といった文物が正倉院に残る。揚州の漆工芸は清朝康熙帝、乾隆帝の時代（17～18世紀）に最高潮を迎え、金銀、また貝殻を切って模様をつくり、そのうえから漆を塗る技法などが洗練された（清代を代表する漆器職人江千里は揚州で育った）。また「切り絵細工」剪紙は、折りたたんだ紙を切り抜き、広げると全体が花や動物、道教の神様などの意匠に

【MEMO】

CHINA
江蘇省

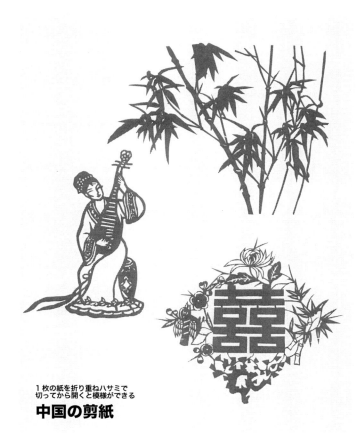

Yangzhou 双東街区城市案内

1枚の紙を折り重ねハサミで切ってから開くと模様ができる
中国の剪紙

CHINA
江蘇省

なる。「中国の切り紙」は世界無形文化遺産に登録されていて、揚州の剪紙は中国を代表するものとなっている。

个園（個園）个园 gè yuán ガアユゥエン ［★★☆］

个園は江南を代表する名園のひとつで、明清時代の揚州の面影を残す街区の一角に残る。清初、この地にあった壽芝園を、清代の両淮総督黄応泰が新たにつくり直した（両淮総督は、国家財政の4分の1にもなったという淮南と淮北の塩の総監督官）。たけのこ状の石がならぶ春の築山など、石組みで春夏秋冬が表現され、抱山楼や宜雨軒といった堂庁を中心に芍

▲左　複雑なかたちをした築山が庭園を彩る。　▲右　清代の揚州の栄華を伝える个園

薬や盆栽、竹が配置されている。大きく北側の庭園と南側の住宅部分からなり、文人や墨客がこの園林で書画をしたため、酒を飲んで語らった。个園という名前は、竹のたたずまいと个の文字が似ているという袁枚(1716〜97年)の詩「月映竹成千个字（月は竹に映じて、千の个の字と成る)」から名づけられた。

揚州の庭園

北方庭園の雄大さと南方庭園の秀麗さをあわせもつという揚州庭園。豊かな水が育んだ四季折々の花や草木、江南住宅が

【地図】个園

【地図】个園の ［★★☆］
- □ 个園（個園）个园ガアユュエン
- □ 東関街 东关街ドォングァンジエ

CHINA
江蘇省

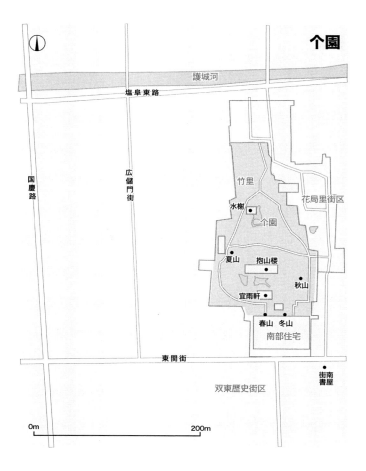

CHINA
江蘇省

一帯となった園林を構成し、とくに太湖石や黄石などの美しさを特徴とする。こうした揚州庭園は塩の専売で莫大な富を手にした商人や官吏によって造園され、窓枠、調度品から食器にいたるまで贅の限りがつくされた。徽州の工匠が呼ばれ、蘇州庭園をモデルにしながら揚州庭園が造営されていった（揚州商人は山西商人とともに安徽省徽州を出自のひとつとした）。程氏の篠園、鄭氏の休園、徐氏の康山退園などが清代を代表する庭園として知られ、揚州の庭園は『紅楼夢』の大観園にも影響をあたえたと言われる。

Guide,
Jiu Cheng Dong Fang
旧城東部
城市案内

CHINA
江蘇省

明清時代、官吏が暮らした旧城西部に対して
塩商たちが邸宅を構えた旧城東部
長江と淮河を結ぶ古運河沿いに広がる街並み

古運河 古运河 gǔ yùn hé グウユンハア [★★☆]

揚州旧城の東側から旧城に沿って屈曲するように流れる古運河。紀元前484年、呉王夫差が中原へ通じる邗溝を開いたのをはじまりとし、610年、隋の煬帝が長安から杭州へいたる運河を完成させた。当初、運河は城内の汶河路そばを流れていたが、やがて泥が堆積したため、826年に現在の位置に移った。江南運河からの船は米、長江上流からの船は陶磁器や木材、海からの船は象牙や真珠を運ぶなど、揚州は各地からの物資が集まる集散地となった。揚州あたりの運河では水量の調整が難しく、長江とのあいだに閘門をもうけて水位をたも

ち、また海抜の高くなる場所では綱をつけて人力で船をひいた。

プハティン墓園 普哈丁墓园 pǔ hā dīng mù yuán
プウハアディンムウユゥエン ［★☆☆］

古運河のほとりに残るイスラム教ムハンマドの第16代目の子孫プハティンの墓（イスラム墓園、回回堂）。ムハンマドの家族の子孫はサイイドやシャリーフとして布教にあたり、プハティンは南宋時代の揚州を訪れ、10年の布教ののち1275年になくなった。イスラム教徒回族がモンゴル族に

【地図】旧城東部

【地図】旧城東部の [★★☆]
- [ ] 古運河 古运河 グウユンハア
- [ ] 何園 何园 ハアユゥエン
- [ ] 東関街 东关街 ドゥンァンジエ
- [ ] 个園（個園）个园 ガアユゥエン

【地図】旧城東部の [★☆☆]
- [ ] プハティン墓園 普哈丁墓园 プウハアディンムウユゥエン
- [ ] 教場民俗風情街区 教场民俗风情街区 ジャオチャンミンスウフェンチンジエチュウ
- [ ] 広陵路 广陵路 グァンリンルウ
- [ ] 朱自清故居 朱自清故居 チュウツッチングウチュウ
- [ ] 小盤谷 小盘谷 シャオパングウ
- [ ] 南河下塩商文化街区 南河下盐商文化街区 ナンハアシャアヤンシャンウェンファアジエチュウ
- [ ] 東圏門 东圈门 ドゥンチュウエンメン

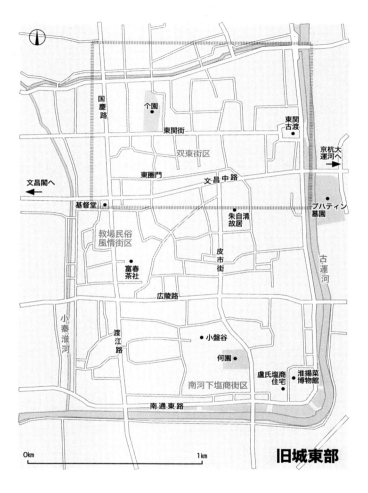

旧城東部城市案内

CHINA
江蘇省

次ぐ支配階級になった元から明清時代を通じて揚州のイスラム教徒回族の墓園となり、敷地内にはモスクも併設されている。回族はペルシャ人やアラブ人などを遠い祖先とするものの、漢族との混血が進み、白い帽子をかぶることで外見上の区別をしている（イスラム教徒は、1日に5回メッカの方角へ礼拝する、豚肉を食さないなど独自の信仰体系をもつ）。

▲左 イスラム教開祖ムハンマドの子孫が眠るプハティン墓園。 ▲右 古運河を通って各地の物資が集まってきた

教場民俗風情街区 教场民俗风情街区
jiào chǎng mín sú fēng qíng jiē qū
ジャオチャンミンスウフェンチンジエチュウ ［★☆☆］

1923年に創建されたキリスト教会の基督堂、揚州を代表する老舗富春茶荘などが残る教場民俗風情街区（揚州では、1868年にキリスト教宣教師が襲撃された揚州教案が起こっている）。富春茶社の歴史は清朝末期の1885年にさかのぼり、淮揚料理の点心や、魁針（安徽省）と 龍井（浙江省）と珠蘭（揚州）をあわせた魁珠茶でも知られる。

CHINA
江蘇省

富春茶社と淮揚料理

温暖な気候が育んだ野菜や魚、肉、たまねぎ、しいたけなど四季折々の食材を使った揚州の淮揚料理。豆腐干を糸のように細く切ってあっさり煮た「煮干絲」、田鰻の香り揚げ「鮎魚（香魚）」、蟹味噌の入った「肉団子のスープ煮」、各種の肉を小麦粉でくるんで蒸しあげた「千層油糕」、小松菜を詰めた焼売の「翡翠焼売」といった料理が知られる。またくり抜いた冬瓜を容器代わりに使って外側に花や模様を描く包丁さばき、見た目の鮮やかさも淮揚料理の特徴となっている。

▲左　交通網の整備も進む。　▲右　揚州炒飯は中華料理を代表する一品

広陵路 广陵路 guǎng líng lù グァンリンルウ ［★☆☆］

広陵路は、西の甘泉路から続く揚州旧城南部の大通り。大型商店がならぶほか、通りから一歩なかに入った路地には古い街並みも残っている。

朱自清故居 朱自清故居
zhū zì qīng gù jū チュウツゥチングウチュウ ［★☆☆］

清代の伝統家屋様式を残す朱自清故居。朱自清（1898〜1948年）は揚州で育ったのち、北京へ上京し、詩人、文学者として活躍した。

江蘇省

小盤谷 小盘谷 xiǎo pán gǔ シャオパングウ ［★☆☆］
細い路地が走る古い街並みの一角に位置する小盤谷。庭園と江南住宅のあわさった清朝末期の園林で、池の周囲に石の築山、草花が配置されている。小盤谷という名前は「小さな盤状の谷」を意味するのだという。

何園 何园 hé yuán ハアユュエン ［★★☆］
个園、冶春園とともに揚州を代表する庭園にあげられる何園。清朝末期の1883年、湖北省の官吏だった何氏が、揚州に戻って造営したもので、寄嘯山荘とも呼ばれる。清代を代表する

▲左　洞門が空間を切りとる、何園にて。　▲右　官吏や塩商はその富を園林にそそぎ込んだ

造園家の石濤和尚設計による片石山房、玉繡楼、騎馬楼といった堂庁から構成され、花園、築山などが各所におかれている。これらの堂や亭を長さ1500mの回廊（天下第一廊）が結ぶほか、金魚池に浮かぶように立つ水心亭では音楽や演劇が上演された。

南河下塩商文化街区 南河下盐商文化街区
nán hé xià yán shāng wén huà jiē qū
ナンハアシャアヤンシャンウェンファアジエチュウ[★☆☆]

揚州の古運河沿いには、清朝から淮南塩の専売を認められて

CHINA
江蘇省

いた揚州商人たちが邸宅を構え、現在、南河下塩商文化街区として整備されている（物資の運搬により有利な運河沿いに新市街がつくられた）。乾隆帝時代、資金1000万両を超える豪商も出現し、「富その右に出ずる者なし」と言われた。この塩商たちは学問や芸術を保護し、名だたる書画や工芸品を集め、また老人や貧しい人々を保護する禅堂をつくった。揚州商人は金銀を渡すことで太平天国（1851〜64年）軍から逃れようとしたが果たせず、揚州は陥落し、清朝の没落と命運をともにした。北河下、中河下、南河下丁家湾、居士巷、引市などの路地、盧氏塩商住宅、中国淮揚菜博物館などが残っている。

Yangzhou 旧城東部城市案内

中国の命運をにぎる塩

人が生きるうえで必ず必要な塩。四方を海に囲まれた日本と違って、中国では特定の場所でしか産出されず、しかも国土が広大であることから、塩を国家の専売とすることで財源確保にあてられてきた（紀元前119年、前漢の武帝が国家の専売としている）。専売によって、塩の価格が数十倍にもなると、それより数段安い非合法の闇塩が流通する。闇塩をあつかって利益を得ようとしたり、正規の塩をぬきとって代わりに泥砂を混入したりすることが行なわれ、黄巣の乱を起こした黄巣、五代後梁の朱全忠といった人々は塩の闇商人を出自とす

CHINA
江蘇省

る。清の乾隆帝時代、揚州の後背地にあたる淮南に中国最大の塩場があり、淮南塩による税収は国家財政の4分の1をしめたという。

揚州商人の台頭

明代、万里の長城を警護する北辺への物資を運んだ商人に対して、塩の販売を許可する手形が発行されていた（モンゴルに対する軍需品、軍糧をおさめた額にあわせて、塩の手形を渡す開中法）。こうしたなか第14代万暦帝の1617年に、国境に物資をおさめなくても「銀で塩の手形が買える」ように

Yangzhou

旧城東部城市案内

なると、商人たちが塩場に近い揚州へ集まるようになった。揚州商人は山西商人と徽州商人をおもな出自とし、塩の販売だけでなく、自ら塩場の管理や開発も行なって莫大な富を築いた。揚州商人が活躍した清朝第4代康熙帝（在位1661～1722年）から第6代乾隆帝（在位1735～95年）は、中国の人口が1億人から3億人へと増えた時期に重なり、人々の食料需要とともに塩の需要も拡大した。

Guide, Xin Cheng Xi Qu
新城西区 城市案内

手狭となった揚州旧城の西郊外に
整備された新城西区
博物館やコンベンションセンターが集まる

新城西区 新城西区
xīn chéng xī qū シンチャンシィチュウ [★☆☆]

21世紀に入ってから開発が進んだ新城西区。古都揚州には長いあいだ鉄道は走っていなかったが、2003年、揚州駅が開業し、そのそばの明月湖を中心に揚州博物館、揚州国際展覧中心、揚州会議中心、揚州図書館、体育公園などがつくられた。

【地図】新城西区

【地図】新城西区の [★☆☆]
- [ ] 新城西区 新城西区 シンチャンシィチュウ
- [ ] 揚州双博館 扬州双博馆 ヤンチョウシュウアンボオグァン
- [ ] 揚州中国彫版印刷博物館 扬州中国雕版印刷博物馆 ヤンチョウチョングゥオディアオバンインシュゥアボオウグァン

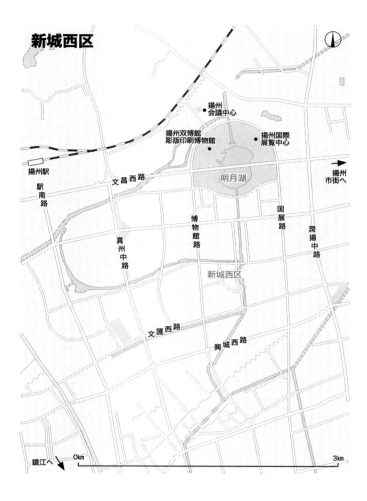

CHINA
江蘇省

揚州双博館 扬州双博馆 yáng zhōu shuāng bó guǎn
ヤンチョウシュウアンボオグァン ［★☆☆］

揚州博物館と揚州中国彫版印刷博物館のふたつの博物館が一体となった揚州双博館。もともと天寧寺内にあった揚州博物館を新城西区に移し、2005年に開館した。唐城から発掘された銅鏡や玉器、唐三彩の陶器はじめ、漆器や玩具、アラビア文字の入った青緑釉陶磁器、揚州八怪の絵画などが展示されている。

▲左　新城西区で開館した揚州双博館。　▲右　さまざまな企画展示が催される

揚州中国彫版印刷博物館 扬州中国雕版印刷博物馆 yáng zhōu zhōng guó diāo bǎn yìn shuā bó wù guǎn ヤンチョウチョングゥオディアオバンインシュゥアボオウウグァン ［★☆☆］

中国でも有数の木版印刷技術が残る揚州で開館した揚州中国彫版印刷博物館。彫刻刀で反転文字を彫った木版に墨を塗り、紙に印刷することで多くの人に書物を届けることが可能になった。揚州の木版印刷は唐代以来の伝統をもち、明清時代に塩商が文化の保護にあたったことで出版文化が花開いた。曹寅（『紅楼夢』の曹雪芹の祖父）は揚州で、『全唐詩』を刊行し、ときの康熙帝に「刻して書甚だ好し」という朱筆を受けたという。

Guide,
Yang Zhou Jiao Qu
揚州郊外
城市案内

CHINA
江蘇省

揚州の街から四方に延びる運河
市街南部には開発区が整備され
長江対岸の鎮江と揚州を結ぶ潤揚大橋もかけられた

揚子津 扬子津 yáng zǐ jīn ヤンツウジン [★☆☆]

揚州市街の南8kmに位置する揚子津は、隋代には船着場だったが、長江の堆積で陸地化した(「津」は渡し場を意味する)。隋代、長江にのぞむ煬帝の離宮のひとつ臨江宮があったと伝えられ、海岸線にも近い距離だった。

揚州経済技術開発区 扬州经济技术开发区
yáng zhōu jīng jì jì shù kāi fā qū
ヤンチョウジンジィジイシュウカイファアチュウ [★☆☆]

1992年に設立され、21世紀になってから開発が進む揚州経

揚州郊外城市案内 Yangzhou

済技術開発区。LEDや太陽エネルギーなど環境に配慮した新技術の研究や開発が行なわれ、外資系企業の進出する工業区、レジャー施設と一体となった住宅施設が整備されている。長江の水利を利用できる揚州港を抱える。

高旻寺 高旻寺 gāo mín sì ガオミンスウ ［★☆☆］
揚州古運河と儀揚河が交わる三汊河口に立つ高旻寺。隋代の創建と伝えられ、1703年に清朝第4代康熙帝が南巡した際に高旻寺と名づけられた。現在の伽藍は20世紀末に再建されたもので、運河を往来する船への灯台の役割を果たす天中塔が立つ。

【地図】揚州郊外

【地図】揚州郊外の ［★★★］
- ☐ 大明寺 大明寺ダアミンスー
- ☐ 痩西湖 痩西湖ショウシイフウ

【地図】揚州郊外の ［★★☆］
- ☐ 長江 长江チャンジィアン
- ☐ 文峰塔 文峰塔ウエンフェンタア

【地図】揚州郊外の ［★☆☆］
- ☐ 揚子津 扬子津ヤンツウジン
- ☐ 揚州経済技術開発区 扬州经济技术开发区 ヤンチョウジンジィジイシュウカイファアチュウ
- ☐ 高旻寺 高旻寺ガオミンスウ
- ☐ 瓜州 瓜州グァアチョウ
- ☐ 潤揚大橋 润扬长江大桥 ルンヤンチャンジィアンダアチャオ
- ☐ 京杭大運河 京杭大运河ジンハンダアユンハア
- ☐ 上方寺 上方寺シャンファンスウ
- ☐ 竹西公園 竹西公园チュウシイゴンユゥエン
- ☐ 茱萸湾 茱萸湾风景区チュウユウワンフェンジンチュウ
- ☐ 鳳凰島 凤凰岛フェンフゥアンダオ
- ☐ 江都区 江都区ジィアンドゥチュウ
- ☐ 隋煬帝陵 隋炀帝陵スイヤンディリン
- ☐ 西湖鎮司徒村（煬帝の墓）西湖镇司徒村 シイフウチェンスートゥツン
- ☐ 新城西区 新城西区シンチャンシィチュウ

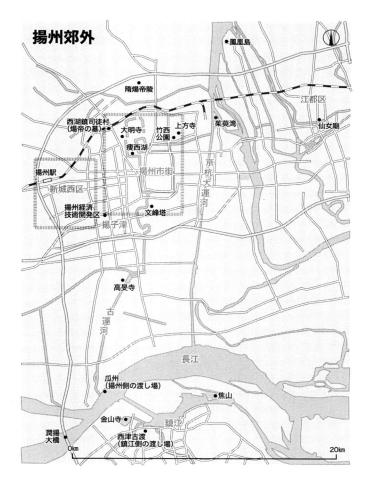

江蘇省

瓜州 瓜州 guā zhōu グァアチョウ [★☆☆]

長江をはさんで鎮江の対岸に位置する瓜州。もともと瓜の文字に似ている島だったが、長江の堆積で揚州とつながった。その後、揚子鎮からまっすぐ南に走る運河が掘られ、揚州の外港となった。また瓜州西部の儀徴は宋代以来港として発展し、春秋時代に伍子胥が長江を渡ったという胥浦も残る。

▲左　長江の運ぶ土砂が砂州をつくる　▲右　郊外では大型店舗や高層マンションも見られる

長江 长江 cháng jiāng チャンジィアン ［★★☆］

チベット高原から三峡、武漢、南京をへて上海近くで海に出る中国最大の大河長江（全長 6300km）。揚州が河港として繁栄をきわめた唐代、揚州南の揚子津あたりからすぐ東に海が広がっていた。当時の長江は今の数倍の川幅をもっていたと言われ、長江の堆積が進んで揚州の地位は相対的にさがった。長江の別称「揚子江」も、もともとは揚州近郊部分をさし、近代、このあたりを訪れた西欧人によって川全体の名前になった。

CHINA
江蘇省

潤揚大橋 润扬长江大桥 rùn yáng cháng jiāng dà qiáo
ルンヤンチャンジィアンダアチャオ ［★☆☆］

2005年、長江にかけられた長さ1490mの潤揚大橋。それまで揚州と鎮江との交通手段は船しかなかったが、潤揚大橋の完成で一気に両者の距離が縮まった。国家主席をつとめた江沢民が揚州出身ということもあって「揚州を鎮める」ではなく、「揚州を潤す」の橋名になったという（「鎮」江ではなく鎮江古名の「潤」州）。

揚州郊外城市案内 Yangzhou

京杭大運河 京杭大运河
jīng háng dà yùn hé ジンハンダアユンハア［★☆☆］

北京と杭州を結ぶ大運河は、610年、隋の煬帝によって完成された。現在の京杭大運河は隋唐時代の古運河の東を走り、明代に掘削されたのちも運河を維持するための工事が続いた。明清時代、蘇州や杭州といった江南の豊かさはきわまり、この運河を通じて北京に米や物資が運ばれた。

上方寺 上方寺 shàng fāng sì シャンファンスウ［★☆☆］

揚州市街の北西に立つ上方寺は、古刹禅智寺があった場所で、

CHINA
江蘇省

もとは煬帝の宮殿を前身とする。唐代、揚州官吏をつとめた杜牧が洛陽から弟を見舞うためにこの寺を訪れ、『題揚州禅智寺』を詠んでいる。また円仁の『入唐求法巡礼行記』のなかで「(禅智寺から) 西に行くこと三里 (約1.6km) にして揚州府有り」と記している。

竹西公園 竹西公園
zhú xī gōng yuán チュウシイゴンユゥエン [★☆☆]
揚州古運河のほとりに位置する竹西公園。竹西という公園名は、杜牧の漢詩『題揚州禅智寺』の「誰か知らん竹西の路／

▲左　揚州は数々の唐詩に詠まれてきた。　▲右　人々が往来する街角

歌吹是れ揚州なるを（竹林の西に延びる路の先に揚州がある）」に由来する。竹西公園の南側を揚州市街に続く竹西路が走る。

茱萸湾 茱萸湾风景区 zhū yú wān fēng jǐng qū
チュウユウワンフェンジンチュウ［★☆☆］

京杭大運河の中洲に位置する茱萸湾。豊かな自然が広がる風景区となっていて、ライオンやトラ、ヒグマを飼育する動物園が併設されている。もともと運河を往来するための中継地の茱萸湾鎮があったが、再開発が進んだ。

CHINA
江蘇省

鳳凰島 凤凰岛
fèng huáng dǎo フェンフゥアンダオ [★☆☆]
揚州北東の京杭大運河に浮かぶ鳳凰島。このあたりは動物や野鳥の生息する湿地帯が広がり、四季折々の美しい自然を感じられる。観覧車の摩天輪、宇宙飛車といったアトラクションが整備されているほか、乾隆帝が南巡の際に立ち寄ったという護国禅寺も位置する。

江都区 江都区 jiāng dū qū ジィアンドゥチュウ ［★☆☆］

京杭大運河の東側、揚州と相対するように位置する江都区(江都とは隋煬帝時代の揚州古名)。通揚運河が揚州に向かって流れ、そのそばに新たな市域が形成されている。揚州泰州空港が営業しているほか、女道士康紫霞をまつる由緒ある仙女廟も残る。

城市の
うつり
かわり

揚州の津も見へそめて雲の峰
江戸時代、与謝蕪村も詠んだ揚州
人々の羨望を受けてきた花の都

古代揚州（〜3世紀）

洪水の害をさけられる揚州蜀岡に人が暮らしはじめたのは新石器時代のことだという。古代に記された『禹貢九州』では、揚州は江蘇省、安徽省、浙江省、江西省などをふくむ広大な地域をさす呼称だった。現在の揚州の地に最初の街ができたのは紀元前486年のことで、春秋戦国の呉王夫差が蘇州から中原に進出するために長江と淮河を結ぶ運河邗溝を開き、その西側（蜀岡）に邗城を築いた（呉王夫差は紀元前482年、会盟を行ない覇者となっている）。その後、楚がこの地を領有して蜀岡を広陵（広い丘）と名づけ、以後、秦漢を通じて

CHINA
江蘇省

この名前で呼ばれていた。前漢、劉邦の兄の子劉濞（紀元前215〜前154年）が統治した時代、銅山や塩場の開発で中国でも豊かな地域へと発展した。

魏晋南北朝（3〜6世紀）

後漢末から三国時代にかけて、揚州は北の曹操（魏）と南の孫権（呉）の争奪地となっていた。4世紀に入って異民族が華北に侵入すると、東晋は南下して317年に揚州に拠点をおき、その後、南京に都は遷された。この時代、揚州、鎮江あたりは北からの移住者が多く暮らし、北朝への最前線となっ

▲左　鑑真ゆかりの大明寺の大雄宝殿。　▲右　「心福口福」淮揚料理を出す店舗

ていた（六朝時代、広陵郡の中心は、揚州北の淮陰にあった）。548年の侯景の乱を受けて南朝梁は滅亡し、乱鎮圧後、梁の遺族が江陵に後梁を開いた。この後梁は江陵一帯を領土とし、南朝陳と併存したが、実際は北朝西魏の傀儡王朝で、一方の揚州は北朝による南朝討伐の足がかりとなった。

隋唐（6〜8世紀）

581年、文帝が北朝から隋を樹立すると、その次男の楊広（のちの煬帝）は南朝討伐の司令官となり、揚州へ派遣された（589年以降、揚州という呼称が定着した）。南北朝の統一、煬帝

CHINA
江蘇省

の即位を受けて、南北を結ぶ運河が開削され、揚州は長安、洛陽につぐ都へと発展をとげた。煬帝は自身の愛した揚州で晩年を過ごしたが、やがて部下に殺害され、618年、隋に代わる唐の建国となった。唐代は運河が機能して南方の物資が運ばれるなど、中国史のなかでもっとも華やかな時代と知られる。揚州は唐を代表する港町となり、「揚一益二（揚州が第一、成都が第二）」と言われる繁栄を見せた。

Yangzhou 城市のうつりかわり

唐末五代（8〜10世紀）

755年、安史の乱が起こって中原が混乱すると、華北の住民は大挙して揚州に押し寄せた。唐で最大の経済都市となっていた揚州では、牛李の党争で知られる牛僧孺、李徳裕がともに揚州都督をつとめた（晩唐の揚州の繁栄は、杜牧が詩に残している）。各地で反乱の起こった唐後半期、王朝が持続できたのは揚州を中心とする塩の専売収入と、物流の大動脈である大運河をおさえていたからだと言われる。各地方に軍事力をともなった藩鎮がおかれ、902年、節度使楊行密は揚州で呉国を樹立している（唐に替わる五代十国のひとつ）。

CHINA
江蘇省

宋元明初（10 〜 17 世紀）

唐中期以後、長江の堆積が進んで揚州の港としての機能は低下し、海に近い蘇州、杭州、福州、泉州などが台頭した。南宋時代、揚州は北方の金に対する拠点となり、防御のため月河が掘られ、城塞をふくむ3つの城郭が築かれていた。続く元代、フビライ・ハンの宮廷を訪れたマルコ・ポーロが揚州の長官をつとめ、『東方見聞録』のなかで「壮麗な大都市ヤンジュー（揚州）」と記している。こうしたなか、元末明初の混乱期に朱元璋（明初代洪武帝）が揚州を占領したとき、揚州にはわずか18の家があるだけだったという。朱元璋は

▲左 そり返った屋根が印象的な四望亭。 ▲右 街角で見かけたポスター、文字とイラストで内容を伝える

このとき揚州に城(旧城西部)を築き、現在の揚州の原型とも言える街ができた。

明末清(17〜19世紀)

揚州が再び繁栄を見せるのは明中期以後のことで、山西商人や徽州商人が淮南塩集散地の揚州に移住したことによる(17世紀、銀を出せば、直接塩が買えるようになった)。朱元璋の築いた城郭は運河から離れていたので、新たな城郭(旧城東部)が築かれ、塩商は運河近くに邸宅を構えた。明清交替にあたって、揚州で80万人が殺害されたという記録も残っ

ているが、清代、揚州は最高の繁栄を迎えることになった。国家収入の4分の1をおさめたという揚州商人は、莫大な富をもとに文化を保護し、その様子は『揚州画舫録』に記されている。また清朝第4代康熙帝や第6代乾隆帝が南巡で揚州を訪れ、その食文化や伝統工芸が北京にもち帰られた。

近現代（19～21世紀）

揚州の命運は清朝とともにあり、1853年、太平天国軍の揚州占領を受けて没落し、外国租界を抱える上海が台頭した。また隋代以来、揚州の発展を支えてきた大運河は、20世紀

Yangzhou 城市のうつりかわり

初頭の鉄道の敷設とともに役割を終えた。中華民国、中華人民共和国と時代は遷り、揚州には長いあいだ鉄道が走っておらず、経済発展が遅れていた。こうしたなか揚州出身の江沢民が1993年、国家主席となり、21世紀に入って南北の交通のさまたげとなっていた長江に潤揚大橋がかけられ、鉄道駅も完成した。現在は郊外に開発区が整備されるなど、歴史ある古都の性格を活かしながら街づくりが進められている。

参考文献

『中国の歴史散歩 3』（山口修・鈴木啓造 / 山川出版社）

『唐代地域社会史研究』（愛宕元 / 同朋舎出版）

『唐詩の風景』（植木久行 / 講談社）

『カメラでぶらり 湖と庭園の名城 揚州』（郭実 / 人民中国）

『中国清時代における揚州庭園の石組構成とその造景に関する研究』（沈悦・下村彰男・熊谷洋一 / ランドスケープ研究）

『中国塩政史の研究』（佐伯富 / 法律文化社）

『遣唐使』（東野治之 / 岩波書店）

『唐大和上東征傳』（真人元開撰・安藤更生訳註 / 唐招提寺）

『「揚州夢」をめぐって』（陳文輝 / 待兼山論叢文学篇）

『揚州城 1987～1998年考古発掘報告』（中国社会科学院考古研究所・南京博物院・揚州市文物考古研究所編著 / 文物出版社）

『世界大百科事典』（平凡社）

まちごとパブリッシングの旅行ガイド

Machigoto INDIA , Machigoto ASIA , Machigoto CHINA

【北インド - まちごとインド】

001 はじめての北インド
002 はじめてのデリー
003 オールド・デリー
004 ニュー・デリー
005 南デリー
012 アーグラ
013 ファテープル・シークリー
014 バラナシ
015 サールナート
022 カージュラホ
032 アムリトサル

【西インド - まちごとインド】

001 はじめてのラジャスタン
002 ジャイプル
003 ジョードプル
004 ジャイサルメール
005 ウダイプル
006 アジメール（プシュカル）
007 ビカネール
008 シェカワティ
011 はじめてのマハラシュトラ
012 ムンバイ
013 プネー
014 アウランガバード
015 エローラ
016 アジャンタ
021 はじめてのグジャラート
022 アーメダバード
023 ヴァドダラー（チャンパネール）

024 ブジ（カッチ地方）

【東インド - まちごとインド】

002 コルカタ
012 ブッダガヤ

【南インド - まちごとインド】

001 はじめてのタミルナードゥ
002 チェンナイ
003 カーンチプラム
004 マハーバリプラム
005 タンジャヴール
006 クンバコナムとカーヴェリー・デルタ
007 ティルチラパッリ
008 マドゥライ
009 ラーメシュワラム
010 カニャークマリ
021 はじめてのケーララ
022 ティルヴァナンタプラム
023 バックウォーター（コッラム〜アラップーザ）
024 コーチ（コーチン）
025 トリシュール

【ネパール - まちごとアジア】

001 はじめてのカトマンズ
002 カトマンズ
003 スワヤンブナート

004 パタン
005 バクタプル
006 ポカラ
007 ルンビニ
008 チトワン国立公園

【バングラデシュ - まちごとアジア】

001 はじめてのバングラデシュ
002 ダッカ
003 バゲルハット（クルナ）
004 シュンドルボン
005 プティア
006 モハスタン（ボグラ）
007 パハルプール

【パキスタン - まちごとアジア】

002 フンザ
003 ギルギット（KKH）
004 ラホール
005 ハラッパ
006 ムルタン

【イラン - まちごとアジア】

001 はじめてのイラン
002 テヘラン
003 イスファハン
004 シーラーズ
005 ペルセポリス
006 パサルガダエ（ナグシェ・ロスタム）
007 ヤズド
008 チョガ・ザンビル（アフヴァーズ）
009 タブリーズ
010 アルダビール

【北京 - まちごとチャイナ】

001 はじめての北京
002 故宮（天安門広場）
003 胡同と旧皇城
004 天壇と旧崇文区
005 瑠璃廠と旧宣武区
006 王府井と市街東部
007 北京動物園と市街西部
008 頤和園と西山
009 盧溝橋と周口店
010 万里の長城と明十三陵

【天津 - まちごとチャイナ】

001 はじめての天津
002 天津市街
003 浜海新区と市街南部
004 薊県と清東陵

【上海 - まちごとチャイナ】

001 はじめての上海
002 浦東新区
003 外灘と南京東路
004 淮海路と市街西部
005 虹口と市街北部
006 上海郊外（龍華・七宝・松江・嘉定）
007 水郷地帯（朱家角・周荘・同里・甪直）

【河北省 - まちごとチャイナ】

001 はじめての河北省
002 石家荘
003 秦皇島
004 承徳
005 張家口
006 保定
007 邯鄲

【江蘇省 - まちごとチャイナ】

001 はじめての江蘇省
002 はじめての蘇州
003 蘇州旧城
004 蘇州郊外と開発区
005 無錫
006 揚州
007 鎮江
008 はじめての南京
009 南京旧城
010 南京紫金山と下関
011 雨花台と南京郊外・開発区
012 徐州

【浙江省 - まちごとチャイナ】

001 はじめての浙江省
002 はじめての杭州
003 西湖と山林杭州
004 杭州旧城と開発区
005 紹興
006 はじめての寧波
007 寧波旧城
008 寧波郊外と開発区
009 普陀山
010 天台山
011 温州

【福建省 - まちごとチャイナ】

001 はじめての福建省
002 はじめての福州
003 福州旧城
004 福州郊外と開発区
005 武夷山
006 泉州
007 厦門
008 客家土楼

【広東省 - まちごとチャイナ】

001 はじめての広東省
002 はじめての広州
003 広州古城
004 天河と広州郊外
005 深圳(深セン)
006 東莞
007 開平(江門)
008 韶関
009 はじめての潮汕
010 潮州
011 汕頭

【遼寧省 - まちごとチャイナ】

001 はじめての遼寧省
002 はじめての大連
003 大連市街
004 旅順
005 金州新区

006 瀋陽はじめての瀋陽
007 瀋陽故宮と旧市街
008 瀋陽駅と市街地
009 北陵と瀋陽郊外
010 撫順

【重慶 - まちごとチャイナ】

001 はじめての重慶
002 重慶市街
003 三峡下り（重慶〜宜昌）
004 大足

【香港 - まちごとチャイナ】

001 はじめての香港
002 中環と香港島北岸
003 上環と香港島南岸
004 尖沙咀と九龍市街
005 九龍城と九龍郊外
006 新界
007 ランタオ島と島嶼部

【マカオ - まちごとチャイナ】

001 はじめてのマカオ
002 セナド広場とマカオ中心部
003 媽閣廟とマカオ半島南部
004 東望洋山とマカオ半島北部
005 新口岸とタイパ・コロアン

【Juo-Mujin（電子書籍のみ）】

Juo-Mujin 香港縦横無尽
Juo-Mujin 北京縦横無尽
Juo-Mujin 上海縦横無尽

【自力旅游中国 Tabisuru CHINA】

001 バスに揺られて「自力で長城」
002 バスに揺られて「自力で石家荘」
003 バスに揺られて「自力で承徳」
004 船に揺られて「自力で普陀山」
005 バスに揺られて「自力で天台山」
006 バスに揺られて「自力で秦皇島」
007 バスに揺られて「自力で張家口」
008 バスに揺られて「自力で邯鄲」
009 バスに揺られて「自力で保定」
010 バスに揺られて「自力で清東陵」
011 バスに揺られて「自力で潮州」
012 バスに揺られて「自力で汕頭」
013 バスに揺られて「自力で温州」

【車輪はつばさ】
南インドのアイラヴァテシュワラ寺院には建築本体に車輪がついていて寺院に乗った神さまが人びとの想いを運ぶと言います。

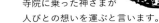

- 本書はオンデマンド印刷で作成されています。
- 本書の内容に関するご意見、お問い合わせは、発行元のまちごとパブリッシング info@machigotopub.com までお願いします。

まちごとチャイナ
江蘇省006揚州
～「遣唐使」訪れた佳麗の地 ［モノクロノートブック版］

2017年11月14日　発行

著　者	「アジア城市（まち）案内」制作委員会
発行者	赤松　耕次
発行所	まちごとパブリッシング株式会社 〒181-0013　東京都三鷹市下連雀4-4-36 URL　http://www.machigotopub.com/
発売元	株式会社デジタルパブリッシングサービス 〒162-0812　東京都新宿区西五軒町11-13 清水ビル3F
印刷・製本	株式会社デジタルパブリッシングサービス URL　http://www.d-pub.co.jp/

MP128

ISBN978-4-86143-262-0 C0326　　　　Printed in Japan
本書の無断複製複写（コピー）は、著作権法上での例外を除き、禁じられています。